L'idroponica per avanzato :

L'ultima guida al giardinaggio idroponico e acquaponico

TOMMASO GIARDINELLI

tale, qualsiasi uso, corretto o scorretto, delle informazioni fornite renderà l'editore libero da responsabilità per quanto riguarda le azioni intraprese al di fuori della sua diretta competenza. Indipendentemente da ciò, non ci sono scenari in cui l'autore originale o l'editore possono essere ritenuti responsabili in qualsiasi modo per eventuali danni o difficoltà che possono derivare da una qualsiasi delle informazioni discusse nel presente documento.

Inoltre, le informazioni contenute nelle pagine seguenti sono intese solo a scopo informativo e devono quindi essere considerate come universali. Come si addice alla sua natura, sono presentate senza garanzia della loro validità prolungata o della loro qualità provvisoria. I marchi di fabbrica che sono menzionati sono fatti senza consenso scritto e non possono in alcun modo essere considerati un'approvazione da parte del titolare del marchio.

CAPITOLO UNO
Come funzionano le piantein idroponica

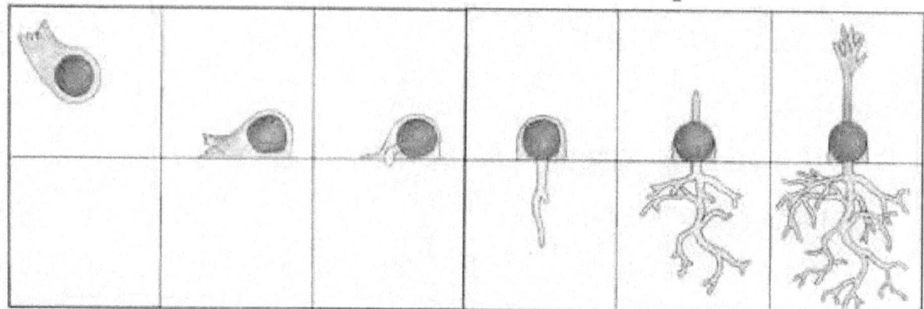

Probabilmente il prerequisito più importante per gestire con successo qualsiasi sistema idroponico è una chiara comprensione del funzionamento delle piante. Con questa conoscenza, sarete in grado di capire perché le parti componenti di un sistema idroponico sono incluse, e perché certe azioni produrranno una migliore crescita delle piante, mentre altre potrebbero essere dannose per la loro salute.

Come crescono le piante

Una giovane punta di radice si evolve da un seme che spinge la sua direzione nel terreno.

Si otterrà rapidamente una comprensione di come funziona la maggior parte delle piante guardando come crescono gli alberi. La storia inizia con il seme che è l'unità di dispersione nel ciclo di vita di un albero. Ogni autunno, gli alberi genitori spargono migliaia di semi sul suolo della foresta, per germogliare più tardi in primavera.

La germinazione inizia quando il seme secco attinge il terreno in acqua e il seme si ammorbidisce e si gonfia. Pochi giorni dopo, per divisione cellulare, una minuscola radice crescerà, sviluppandosi in una radice visibile che emerge attraverso il rivestimento del seme, si piega verso il basso ed entra nel terreno. Poi la radice cresce minuscoli peli radicali, attraverso i quali il nuovo albero assorbe l'acqua necessaria per la crescita. I minerali di cui l'albero in via di sviluppo ha bisogno sono disciolti nell'acqua. In poche settimane, le radici dei rami cominciano a svilupparsi, che a loro volta faranno crescere altre radici dei rami man mano che diventano più robuste.

Sorprendentemente il sistema radicale rimane poco profondo. Le radici profonde sono rare, perché le radici negli strati superficiali del suolo svolgono al meglio le loro funzioni. La crescita delle dimensioni e della sostanza delle radici di un albero è mantenuta attraverso la funzione sana delle foglie verdi dell'albero.

Fotosintesi

Alcuni giorni dopo che il seme è emerso dalle prime radici e si è fatto strada sottoterra, il seme avrebbe anche prodotto il suo primo piccolo germoglio. Tutti i semi dell'albero contengono una o più foglie di seme, chiamate cotiledoni. La crescita verso l'alto del primo piccolo germoglio dell'albero continua per il resto della sua vita. I germogli aerei come le radici dell'albero sono nutriti sui germogli dalle foglie che si sviluppano. La fotosintesi è chiamata il processo chiave. Ciò significa letteralmente 'comporre con l'aiuto della luce' tradotto dalla sua lingua greca. La fotosintesi è essenzialmente il processo attraverso il quale le piante catturano e utilizzano l'energia luminosa.

Le piante verdi appaiono verdi, riflettendo la luce verde e assorbendo gli altri colori che compongono la luce "bianca". La clorofilla è il pigmento che dà alle piante questo colore verde, e questa sostanza serve principalmente per intrappolare la luce. La clorofilla che regola la reazione fotosintetica si trova in diverse cellule nelle foglie chiamate cloroplasti. Le piante hanno bisogno di assorbire la luce del sole, perché dà loro l'energia di cui hanno bisogno per produrre il cibo necessario alla crescita.

La produzione di cibo nelle foglie di una pianta

Le foglie di una pianta filtrano costantemente un flusso d'aria attraverso i loro tessuti, che sono a trama aperta con molti passaggi d'aria. L'aria consiste di circa quattro parti di azoto per una di ossigeno, più una piccola ma significativa quantità di anidride carbonica. La pianta ha bisogno di carbonio per creare nuovi tessuti che producono ciò che noi vediamo come crescita. La clorofilla nelle foglie, usando l'energia della luce solare, estrae l'anidride carbonica dall'aria e la combina con l'acqua per creare sostanze chimiche chiamate carboidrati.

Un tipo familiare di carboidrato è lo zucchero. Lo zucchero glucosio è un tipo di carboidrato solubile prodotto dalla fotosintesi che è in grado di fluire liberamente in tutta la pianta fornendo il cibo necessario per nutrire ogni tipo di crescita e anche fornire l'energia per ogni processo vitale. Le foglie, i germogli, le radici, il fusto legnoso, i fiori e infine i frutti e i semi sono tutti costruiti a partire da esso. Le piante utilizzano l'energia immagazzinata nei carboidrati attraverso un processo chiamato respirazione.

Puoi vedere che la fotosintesi è un processo importante per le piante perché senza di essa i carboidrati o gli zuccheri necessari alla pianta per la crescita non sarebbero prodotti. È anche un processo importante per gli esseri umani perché durante il processo di intrappolamento dell'energia luminosa, l'ossigeno viene separato dall'acqua e rilasciato nell'atmosfera. Le piante verdi quindi rimuovono l'anidride carbonica che gli esseri umani e gli altri animali respirano nell'aria e rilasciano l'ossigeno da cui dipendiamo per sopravvivere.

Traspirazione

Tra l'80 e il 95% del peso di una pianta è costituito da acqua. Le piante ricevono acqua attraverso le loro radici e perdono fino al 98% della loro acqua attraverso un processo chiamato traspirazione. Questo avviene quando l'aria che passa attraverso i passaggi nelle foglie della pianta porta via grandi quantità d'acqua. Il flusso d'aria è necessario affinché la pianta possa ottenere il carbonio necessario per produrre carboidrati. La pianta ha anche bisogno di mantenere la sua riserva d'acqua. Non sorprende quindi che i sistemi radicali delle piante siano estremamente efficienti nell'estrarre l'acqua dal suolo, mentre altre strutture all'interno della pianta possono trasportarla efficacemente contro la forza di gravità, fino a 100 metri di altezza in alcuni alberi.

Sistemi di trasporto all'interno di un impianto

Ci sono due tipi principali di vasi che permettono all'acqua e alle sostanze nutritive di fluire verso l'alto dalle radici sotto forma di linfa, e alla soluzione di carboidrati di fluire attraverso tutta la pianta. I vasi dello xilema contengono la linfa che dalle radici sale verso le foglie, mentre i vasi del floema contengono i carboidrati prodotti nelle foglie che scorrono intorno alla pianta fino alle radici dove possono essere convertiti in amidi e immagazzinati. Nella maggior parte delle piante queste vie bidirezionali, lo xilema e il floema, sono organizzate in fasci vascolari che risalgono all'interno del fusto della pianta. Quando raggiungono le foglie della pianta prendono la forma di vene.

Lo xilema e il floema sono disposti nei rami e nei tronchi degli alberi, in uno schema diverso. Sono raggruppati sotto la corteccia su entrambi i lati di uno strato di cellule, chiamato cambio. La linfa radicale sale all'interno dello strato di cambio, mentre sul lato esterno dello strato di cambio la linfa di carboidrati o zucchero scende attraverso i tessuti del floema chiamati Bast.

Su questo lato dello strato di cambium, la soluzione di carboidrati produce una nuova crescita che, quando combinata con un restringimento di queste cellule in estate, forma gli anelli di crescita visibili quando si taglia un albero. Le cellule si aprono di nuovo ogni primavera permettendo alla linfa di uscire, e un nuovo anello di crescita di cambiamento di emergere sotto la corteccia.

Lo xilema nelle piante trasporta non solo acqua, ma anche i minerali disciolti nell'acqua. Per una crescita sana, le piante hanno bisogno della maggior parte, se non di tutti, di almeno diciassette elementi diversi. Nove di questi elementi; grandi quantità di carbonio, idrogeno, ossigeno, azoto, fosforo, potassio, zolfo, calcio e magnesio sono necessari, chiamati macro nutrienti.

I primi tre: carbonio, idrogeno e ossigeno dall'anidride carbonica e dall'acqua, il resto dal suolo.

I restanti sette nutrienti conosciuti come micro nutrienti o oligoelementi sono richiesti in quantità minori ma sono comunque cruciali per una crescita sana delle piante. Si tratta di titanio, manganese, boro, zinco, molibdeno, rame e cloro. Se la pianta non è disponibile per uno qualsiasi di questi nutrienti minerali, allora la crescita della pianta ne soffrirà in qualche modo.

Alcuni terreni sono carenti in alcuni aspetti, così che le piante coltivate in essi mostrano i sintomi della carenza degli elementi che mancano. Anche nel terreno il prodotto può essere presente ma non in una forma solubile che permetta alla pianta di assorbirlo. Questo è uno dei motivi per cui le piante coltivate in idroponica producono una crescita rapida e sana. Tutti i nutrienti di cui hanno bisogno sono sempre disponibili nelle giuste proporzioni, così come l'importantissima riserva d'acqua in cui i nutrienti sono disciolti.

Osmosi

Il processo con cui le piante assorbono i nutrienti minerali disciolti nell'acqua è chiamato osmosi. La tendenza dei fluidi a passare attraverso una membrana semipermeabile e a mescolarsi tra loro è l'osmosi. Una membrana semipermeabile è qualcosa che permette di muoversi attraverso alcune cose ma non altre. Nelle piante, i piccoli peli sulle radici richiedono le sostanze nutritive dissolte nell'acqua per raggiungere il sistema radicale ma, per esempio, non permettono alle particelle di terreno di entrare nella pianta.

L'osmosi è un meccanismo importante che si trova sia nelle piante che negli animali. Negli animali, il cibo digerito viene osmosizzato nel flusso sanguigno. Le cellule dei peli delle radici di una pianta contengono una soluzione densa di sali e acidi organici. Poiché questa soluzione è più forte della soluzione debole di nutrienti disciolti in acqua nel suolo, c'è una forte pressione osmotica che spinge la soluzione debole attraverso le pareti cellulari per mescolarsi con la soluzione densa. Questo processo di osmosi continua da cellula a cellula in modo che le sostanze nutritive disciolte nell'acqua del suolo entrino nelle radici della pianta e alla fine si spostino attraverso tutta la pianta.

L'osmosi può anche funzionare al contrario e uccidere una pianta. Alcuni giardinieri, quando applicano un pesante dosaggio di fertilizzante solubile intorno a una pianta, creano una situazione in cui la soluzione nel terreno è più forte che nella pianta. Di conseguenza, la pianta perde l'umidità, appassisce e spesso muore. Poiché la soluzione nutritiva somministrata alle piante coltivate in idroponica può essere dosata, questa situazione è facilmente evitata.

Le piante coltivate in idroponica, ricevendo le sostanze nutritive di cui hanno bisogno, possono persino svilupparsi a un livello che normalmente non viene raggiunto dalle piante coltivate nel suolo. Le loro radici diventano estremamente ben nutrite, accumulando grandi quantità di sali minerali. Poiché la soluzione di sali nelle cellule radicali delle piante è così forte, la capacità di queste cellule di assorbire acqua aumenta. Così, invece dell'acqua e delle sostanze nutritive che risalgono attraverso lo xilema delle piante per osmosi, le radici possono assorbire così tanta acqua che l'acqua viene spinta su per lo xilema. Le radici agiscono effettivamente come una pompa. Questa condizione è stata definita "pressione delle radici" e accelera lo sviluppo del resto della pianta.

Ormoni della crescita

Ulteriori ricerche sul modo in cui le piante crescono hanno reso possibile un'ulteriore accelerazione del tasso di crescita delle piante. Generalmente la crescita in una pianta avviene a tassi diversi nelle diverse parti della pianta. Alcune parti della pianta cresceranno a tassi simili, le radici e i germogli non si superano a vicenda perché sono interdipendenti. Entrambi hanno bisogno l'uno dell'altro, i germogli hanno bisogno di minerali ottenuti dalle radici e le radici hanno bisogno dei prodotti fotosintetici delle foglie sui germogli. Nelle piante ci sono speciali molecole messaggere conosciute come ormoni che controllano i tassi di crescita delle piante.

Gli ormoni sono generati in varie parti di una pianta e sono trasportati in quantità minime intorno alla pianta influenzando il tipo di crescita che avviene nelle cellule di cui le piante sono composte. Sono ora disponibili ormoni sintetici che possono essere inclusi in una soluzione nutritiva per coltivatori idroponici per produrre l'aumento della crescita attribuibile ad alcuni di questi ormoni. La fioritura e la fruttificazione sono due sviluppi critici nella crescita di una pianta in cui gli ormoni sono coinvolti. Gli ormoni rispondono ai cambiamenti dell'ambiente stimolando la fioritura e la fruttificazione. La fioritura per esempio è spesso controllata dalla lunghezza del giorno, una risposta nota come fotoperiodismo. I coltivatori di fiori possono ora indurre la fioritura in quasi tutti i periodi dell'anno con attrezzature che regolano la quantità di luce alle loro piante, e gli ormoni della crescita.

CAPITOLO DUE
I nutrienti essenziali

Azoto

L'azoto è uno dei principali elementi che contribuiscono alla crescita di una pianta. Le piante usano l'azoto per creare aminoacidi e proteine che servono a generare nuova crescita nelle cellule. L'azoto viaggia rapidamente in tutta la pianta per promuovere la nuova crescita a scapito del fogliame più vecchio. Qualsiasi carenza causerà debolezza nella nuova crescita e risulterà in una pianta stentata. La carenza di solito si nota prima nelle foglie più vecchie di una pianta che perdono il loro colore verde e gradualmente diventano gialle. Questo perché l'azoto è essenziale nelle foglie per l'ossigeno verde che produce il pigmento clorofilla.

Le piccole foglie saranno anche gialle man mano che la scarsità persiste e le venature sul lato inferiore delle foglie diventano di colore rosso o viola. Le piante orticole possono andare in seme. Un'abbondanza di azoto influenzerà anche la fruttificazione o la produzione di semi della maggior parte delle piante

Fosforo

Un altro fattore essenziale per la crescita delle piante, il fosforo, è anche cruciale per la fotosintesi e la formazione delle cellule. Agisce come un catalizzatore che facilita il trasferimento di energia per la pianta, in questo caso. Il fosforo è importante per lo sviluppo di un buon apparato radicale, ed è anche necessario per formare i fiori e i semi di una pianta. Poiché il fosforo, come l'azoto, è molto mobile all'interno della pianta, qualsiasi carenza è solitamente visibile nel colore delle foglie della pianta. La carenza di fosforo produce una colorazione verde intenso della foglia.

Potassio

Il potassio, come il fosforo, agisce come un catalizzatore per attivare o innescare una serie di funzioni all'interno delle piante. È una fonte di enzimi vegetali che proteggono dalle malattie e giocano un ruolo importante nello sviluppo delle cellule.

La screziatura delle foglie più vecchie delle piante e l'ingiallimento delle foglie lungo le loro venature possono suggerire una carenza di potassio. È un altro elemento della pianta che è mobile, quindi le foglie più vecchie mostrano per prime eventuali carenze. Le piante che mancano di questo nutriente possono perdere i loro frutti prima che maturino.

Calcio

Il calcio è l'elemento che sostiene le pareti cellulari mentre si formano nelle piante. Aiuta a tamponare gli eccessi di altri elementi ed è una parte importante della struttura delle radici di una pianta. Il calcio nelle piante non è molto mobile, quindi è presente nella crescita più vecchia in maggiore concentrazione. Di conseguenza, quando c'è una carenza di calcio, è la nuova crescita che soffre per prima. La crescita più vecchia conserva il suo calcio, ma questo importante elemento sarà carente nella nuova crescita. Le punte fresche delle foglie e le punte ascendenti tendono a morire con una carenza di calcio e le foglie hanno una bruciatura da marrone a nera, anche il calcio basso è la fonte del marciume dell'estremità del fiore, spesso visto come una crosta nera sul fondo del frutto del pomodoro.

Magnesio

Un altro fattore essenziale per la fotosintesi nelle piante è il magnesio. È di vitale importanza per la molecola della clorofilla ed è anche ampiamente utilizzato nella produzione di semi. Una carenza può ingiallire le foglie di una pianta e diffondersi dal centro ai bordi esterni della foglia. Alla fine le foglie diventano di colore arancione. Una carenza di magnesio crea ulteriori problemi se si vogliono coltivare altre piante dai semi prodotti, poiché questi sono malformati e hanno una scarsa percentuale di germinazione. Il magnesio agisce come portatore di fosforo all'interno della pianta e favorisce la formazione di oli, grassi e succhi.

Zolfo

Come il calcio, lo zolfo è importante nella struttura dei tessuti di una pianta. È uno dei componenti delle proteine delle piante e gioca un ruolo importante nella produzione dei sapori e degli odori della maggior parte delle piante. Quando le foglie più giovani di una pianta diventano pallide, appare una mancanza di zolfo. Nonostante la crescita continui, la pianta tende ad essere dura e legnosa con un aumento molto ridotto della crescita radiale. All'interno di una pianta, lo zolfo non si muove molto.

Ferro

Il ferro è necessario per la produzione di clorofilla nelle piante ed è usato nella fotosintesi. Una carenza di ferro influenzerà la nuova crescita delle piante, le foglie diventeranno quasi bianche e le vene delle foglie mostreranno un deciso ingiallimento.

Il ferro non è molto mobile o facilmente assorbito dalle piante, il che lo rende un elemento problematico da sostituire una volta perso. Il ferro è un importante micronutriente di cui tutte le piante e gli animali hanno bisogno.

Manganese

Il manganese è coinvolto in molti enzimi delle piante, in particolare quelli che riducono i nitrati prima della produzione di proteine. L'ingiallimento a chiazze delle foglie più giovani caratterizza generalmente una carenza di manganese. Soprattutto sugli alberi di agrumi, si formano solo piccole foglie gialle che non si sviluppano ulteriormente.

Ha anche influenzato la formazione di nuovi boccioli di fioritura.

Zinco

Lo zinco fa parte degli ormoni della crescita ed è essenziale anche per la maggior parte degli enzimi delle piante. Lo zinco è un altro elemento che una volta perso non viene sostituito facilmente. Le nuove foglie delle piante carenti di zinco sono molto sottodimensionate. Lo zinco aumenta la fonte di energia per la produzione di clorofilla e promuove anche l'assorbimento dell'acqua. Questo è in parte il motivo per cui le piante che mancano di zinco possono essere stentate. In parte dipende anche dalla presenza di zinco la formazione di auxine, ormoni che promuovono la crescita nelle cellule delle piante.

Rame

Le piante usano il rame come attivatore o catalizzatore di vari enzimi importanti. Una mancanza di rame causerà un calo della nuova crescita, o a volte una crescita irregolare, spesso con nuovi germogli che muoiono. A volte, la frutta può rompersi durante la maturazione, in particolare a temperature calde. Il rame aumenta il contenuto di zucchero degli agrumi e rende i raccolti come carote, spinaci e mele più colorati. Quando l'emoglobina si forma nel sangue animale, il rame è importante nell'uso del ferro.

Boro

In questo elemento, la carenza di boro si manifesta generalmente con la morte lenta dei tessuti delle piante soprattutto intorno al punto di crescita principale e all'apice o punto centrale delle radici. Sui frutti delle piante carenti di boro appaiono crepe che variano da piccole a abbastanza grandi dimensioni. Molto spesso le radici diventano cave e si deteriorano. Oltre ad essere importante per l'impollinazione e la produzione di semi, il boro è necessario per la normale divisione cellulare e la formazione di proteine.

Molibdeno

Il molibdeno è utilizzato dalle piante nella formazione delle proteine e influenza la capacità della pianta di fissare l'azoto atmosferico. Foglie pallide che appaiono bruciate verso i bordi possono suggerire una carenza. A volte, le foglie possono distorcersi. Broccoli, cavoletti di Bruxelles, lattuga, cavolfiori e altre brassicacee non sviluppano adeguatamente le foglie quando il molibdeno non è disponibile. Il molibdeno è anche essenziale per piante come i piselli che usano batteri fissatori dell'azoto per avere noduli sulle loro radici. Solo dopo aver dettagliato le funzioni di questi elementi nutritivi si può concludere che sono tutti vitali per la produzione di piante sane.

Ci si può chiedere come le piante possano prosperare in un terreno in cui in vari gradi uno o più di questi elementi essenziali possono essere carenti. Le piante crescono estremamente bene in natura, non contaminate dall'uomo. Solo le piante che sono adatte a terreni estremamente poveri cresceranno su quei terreni. Inoltre, le piante modificano gradualmente il suolo rompendolo con i loro sistemi di radici, alcune aiutano anche a sostituire i nutrienti nel suolo, per esempio, i piselli hanno batteri che fissano l'azoto nei legumi alle loro radici. Alcune specie di piante sono destinate a stabilirsi anche nei suoli più carenti, aprendo la strada ad altre specie che potrebbero succedergli in seguito.

Le comunità di piante complesse si sviluppano frequentemente, come le foreste native della Nuova Zelanda, alimentando grandi quantità di humus nel suolo quando la vecchia crescita si rompe per far posto alla nuova crescita. Gli intricati sistemi di radici degli alberi nativi mantengono questo terreno fertile sul posto, mentre la spessa copertura offerta dalle loro foglie lo mantiene umido, creando le condizioni ideali per le felci e altre crescite sotterranee.

Se lasciate sole, le piante rispondono all'ambiente circostante e lo cambiano molto efficacemente, le difficoltà sorgono quando si cerca di sostenere un gran numero di persone, allestendo monocolture complesse. Singole varietà di colture vengono coltivate su grandi aree, permettendo l'applicazione su larga scala di pesticidi per rimuovere i rivali e altri prodotti chimici per il controllo delle malattie. L'humus rimasto nel suolo dalle passate foreste native sarà presto esaurito, richiedendo continue applicazioni di fertilizzanti su larga scala che possono fornire alle piante i nutrienti di cui hanno bisogno, ma non sostituiscono la funzione dell'humus nel mantenere il suolo in una condizione leggera, aerata e lavorabile.

Durante il processo di costruzione, il giardiniere domestico è messo in una posizione simile su una nuova sezione che aveva tutto tranne la quantità minima di terriccio necessaria per far crescere uno strato di erba. Il terriccio (e il compost) devono essere restituiti per formare un orto o degli alberi da frutta. Ci vogliono fertilizzanti e compost per far salire il contenuto umico del suolo. Tuttavia, il giardiniere casalingo è ostacolato dalla mancanza di una guida tecnica da parte degli esperti che sono spesso impiegati per esaminare le condizioni del suolo dove vengono eseguite coltivazioni sostanziali e raccomandare le applicazioni di fertilizzanti appropriate. Prevenire è meglio che curare per il giardiniere domestico che vuole coltivare una varietà di colture, la soluzione è quella di continuare ad alimentare un rifornimento costante di fertilizzante e compost nel terreno dell'orto piuttosto che aspettare che emergano i segni di carenza descritti prima.

La produzione idroponica riduce i problemi associati al terreno povero e povero di nutrienti sia per le colture commerciali che per quelle domestiche. Invece di spendere grandi quantità di fertilizzanti su una vasta area di terreno dove le colture devono essere coltivate, il coltivatore commerciale può ciclare le quantità richieste all'interno di un sistema idroponico compatto, aggiungendo più nutrienti solo quando necessario.

I sistemi idroponici riducono i problemi affrontati dai giardinieri domestici quando un fertilizzante aggiunto a una comunità di piante contrasta un altro fertilizzante applicato a più piante vicine. È anche facile nutrire le piante in grandi quantità. Alcuni fattori importanti devono essere presenti in piccole quantità perché una concentrazione troppo alta può essere tossica per le piante. Ottimi prodotti nutrizionali idroponici fatti per la coltura da coltivare contengono i giusti nutrienti nelle giuste proporzioni per una crescita ottimale, e possono essere facilmente misurati e dosati con attrezzature poco costose, efficienti e facilmente disponibili.

CAPITOLO TERZO
La formula dei nutrienti

Ora che avete un apprezzamento del ruolo che i diversi elementi nutritivi svolgono nelle piante, e un'idea della scarsa salute delle piante causata da carenze di questi elementi vitali, posso descrivervi una tipica formula nutritiva, in modo che possiate farvi un'idea del modo in cui questi elementi sono resi disponibili alle vostre piante in un sistema di coltivazione idroponica. Gli elementi essenziali che compongono le miscele di nutrienti sono azoto, calcio, potassio, fosforo, boro, rame, ferro, manganese, magnesio, zinco, zolfo e molibdeno.

Ci sono un certo numero di altri elementi noti alla scienza che giocano anche un ruolo nella crescita delle piante. Tra questi ci sono il sodio, il selenio, il cloro, il vanadio e il cobalto. Questi elementi non sono generalmente inclusi nella miscela di nutrienti, dal momento che sono necessari in quantità estremamente piccole, così piccole in realtà che quantità sufficienti sono quasi certamente presenti nella miscela a titolo di impurità. Ci possono essere anche altri elementi che sono richiesti, sempre in quantità microscopiche, tuttavia, la presenza di questi elementi come impurità è così piccola da essere estremamente difficile da rilevare. Alcuni elementi derivano anche da fonti diverse dalla miscela di nutrienti. L'aria ne fornisce alcuni, così come l'acqua.

Ci sono due approcci per ottenere la vostra miscela di nutrienti, potete comprarla in forma di polvere pronta da un certo numero di fornitori o potete miscelare la vostra. Se siete un coltivatore commerciale con un'operazione massiccia, probabilmente vorrete almeno miscelare i vostri componenti principali. Alcuni coltivatori casalinghi che amano sperimentare possono anche voler fare da soli, ma per voi sarà più facile comprare un prodotto già pronto. A meno che non stiate usando più di 100 chilogrammi di sali secchi all'anno, il risparmio sui costi di miscelare i vostri sarà minimo. È come possedere un'auto, puoi divertirti a guidarla ma non ha molto senso cercare di risparmiare qualche centesimo miscelando la tua benzina. Comunque, qui ci sono alcune formule per coloro che desiderano usarle o vogliono sapere da cosa sono composte le diverse miscele. Noterete che le miscele sono in due parti. Questo è a scopo di stoccaggio per evitare la precipitazione tra i diversi elementi che compongono la miscela.

Formula numero uno per i sistemi "da buttare

Grammi per 100 litri

Borsa A- Nitrato di calcio_______80.9

- Sacchetto B-Solfato di potassio______55.4
- Potassium Phosphate___________17.7
- Fosfato di ammonio __________9.9
- Magnesium Sulphate___________46.2
- Iron EDTA_______________________3.27
- Manganese Sulphate___________0.02
- Boric Acid_____________________0.172
- Zinc Sulphate__________________0.044
- Ammonium Molybdate________0.005

Si usa questa formula per volume e si dovrebbero sciogliere gli elementi nelle quantità indicate in 100 litri d'acqua. Nota: non tentare di sciogliere le quantità indicate in un volume d'acqua più piccolo, poiché si verificherà una precipitazione chimica che distruggerà essenzialmente il nutriente)

Formula numero due

Il seguente ingrediente deve essere sciolto in due contenitori separati di 25 litri di acqua pulita per fare due concentrati di "soluzione madre" da usare in sistemi a ricircolo (può anche essere usato in sistemi "To Waste" se lo si desidera)

- Borsa A Nitrato di calcio______________2.5 Kg

- I seguenti ingredienti da sciogliere in 25 litri di acqua pulita

-

- Sacco b-Nitrato di potassio____________1.5 Kg

- Mono fosfato di potassio________0.5 Kg

- Solfato di magnesio_____________1.3 Kg

- T.E. (Trace Element) MIX______0.1 Kg (100 grammi)

Per fare il TE (Trace Element Mix) aiuta a lavorare in quantità maggiori per evitare problemi di pesatura di piccole parti, in modo che faccia circa

- 10 kg di miscela TE:
- Chelato di ferro
- 7,5 Kgs Manganese
- Solfato 1.4Kgs
- Acido borico
- Solfato di rame
- Solfato di zinco (Mono)
- 85 grammi di ammonio
- Molibdato 20 grammi

Questo mix permette ora di mescolare i propri nutrienti con uno di essi.

Oltre a semplificare la miscelazione della soluzione nutritiva, l'uso di un composto chimico complesso noto come chelato, come il ferro mostrato sopra, ha anche altri vantaggi

Un oligoelemento quando è tenuto strettamente con una molecola sotto forma di chelato che gli impedisce di reagire con altre sostanze. Eppure il nutriente è ancora pienamente disponibile per l'uso quando il chelato viene assunto dalla pianta. Questo evita la situazione che a volte accade quando si usano i solfati, dove il solfato diventa insolubile e inutilizzabile per la coltura. Allo stesso modo, può verificarsi una reazione con i fosfati solubili che avrà come risultato che sia gli oligoelementi che i fosfati saranno "bloccati". Il ferro in particolare dovrebbe essere introdotto nella miscela di nutrienti a forma di chelato. Anche se è più costoso dei sali di ferro, richiede solo piccole quantità.

L'uso di sali di ferro come il solfato ferroso nella vostra combinazione causa problemi di precipitazione di ferro nel sistema che richiedono un regolare lavaggio dell'acqua e una regolare sostituzione della soluzione nutritiva. La maggior parte degli oligoelementi può essere introdotta in forma chelata nella soluzione nutritiva, ad eccezione del boro inorganico e del molibdeno, che non possono essere chelati.

Quindi queste sono le formulazioni chiave che prescriverei per le miscele di nutrienti. Forniranno una dieta equilibrata per una crescita veloce e soprattutto sana delle vostre piante coltivate in idroponica. Ora che avete le formulazioni, potete provare a miscelare quella che pensate possa soddisfare le vostre esigenze o comprare una versione già pronta. Quando compri la tua miscela, tutto quello che devi fare è pesare la parte A e la parte B in modo da ottenere il giusto rapporto come definito sulla confezione, e poi applicarla al contenuto d'acqua richiesto.

Finché si tratta di una combinazione affidabile di "due parti" di nutrienti, i risultati saranno ottenuti su richiesta. Diffidate degli alimenti per piante a miscela singola, con pubblicità che dichiarano l'idoneità alla produzione idroponica. C'è molto sul mercato che è inutile per l'uso idroponico, nonostante le affermazioni del contrario.

CAPITOLO QUATTRO
Attrezzatura

Quando si sceglie l'attrezzatura per i sistemi idroponici ci sono due cose importanti da tenere a mente. La prima è che qualsiasi materiale che contiene la soluzione nutritiva deve essere a prova di luce. L'altra cosa da notare è che i prodotti che entrano in contatto con la soluzione nutritiva non devono emettere contaminanti che disturbino l'equilibrio della soluzione nutritiva.(come il braccio di ottone mostrato sulla valvola galleggiante) Il prezzo sarebbe certamente essenziale, ma questi primi due fattori non devono essere superati.

Secchi di plastica con la parte superiore tagliata e bidoni della spazzatura di plastica sono due tipi di serbatoi economici e facilmente disponibili che dovrebbero soddisfare tutte le specifiche necessarie. L'acciaio inossidabile è un materiale adatto, perché la soluzione minerale non lo danneggia. Anche i contenitori di cemento possono essere usati, ma dovrebbero essere invecchiati per assicurare che il calcare e altri contaminanti vengano lisciati dalle superfici di cemento. Una mano di sigillante è un modo per superare questo problema.

Linee di nutrienti

I tubi in PVC per alimenti sono il materiale più adatto per trasportare la soluzione nutritiva. Ci sono una varietà di materiali plastici che possono essere adattati per essere usati come tubi per i nutrienti, basta ricordarsi di assicurarsi che siano a prova di luce. I tubi neri o di colore scuro funzionano bene per tenere fuori la luce e aiutano anche a raccogliere il calore solare.

Pompe

Il tipo di vibratore, le pompe per acquari funzionano bene nei sistemi di tipo Venturi, riempiti di aggregati. Possono anche essere usate nei sistemi più grandi per pressurizzare un tubo che può poi essere usato per alimentare l'acido nel sistema. Questo è completamente descritto nel capitolo sull'impostazione di un sistema. Le pompe sommergibili sono adatte, ma dovrete controllare che non abbiano componenti metallici che potrebbero contaminare la miscela nutritiva. Queste pompe sono disponibili in tipi a basso voltaggio da circa 20 watt fino a tipi che producono diversi cavalli che funzionano dalla rete. Un sistema domestico medio potrebbe essere gestito con successo con una pompa da 40 a 60 watt.

Ci sono un certo numero di pompe disponibili per sistemi più grandi.

Valvole

Le valvole di intercettazione poste in punti strategici possono essere utili soprattutto nei sistemi idroponici più grandi. Ti permetteranno di lavorare su sezioni del sistema senza dover spegnere tutto. Anche queste valvole dovrebbero essere fatte di PVC o di acciaio inossidabile. Un altro aspetto dei sistemi più grandi che troverete descritto nel capitolo sull'allestimento è la necessità di una valvola a galleggiante o una valvola a sfera per controllare il rifornimento d'acqua.

È sorprendente quanta acqua usano le piante, quindi, tenendo conto di questo, praticamente qualsiasi sistema più grande di una finestra o di un giardino tipo patio avrà bisogno di una fornitura d'acqua che fluisca nella soluzione nutritiva per sostituire l'acqua usata. Questo è facilmente controllato da una valvola a galleggiante o un rubinetto a sfera che fermerà il flusso quando raggiunge un livello selezionato. Se la valvola non entra in contatto con la soluzione nutritiva potrebbe essere fatta di ottone o di qualche altra lega, tuttavia penso che troverete che le valvole di plastica sono generalmente più economiche e funzionano meglio.

Contenitori per la coltivazione

C'è una gamma quasi illimitata di contenitori che si possono usare in un sistema idroponico. Se il contenitore non è a prova di luce o se rischia di contaminare la soluzione nutritiva, puoi foderarlo con una pellicola di plastica. Il politene nero è il più economico e ha una lunga vita utile. I fusti di plastica con la parte superiore tagliata sono un modo economico per allestire una grande area di coltivazione. I fusti possono essere messi in fila e riempiti di aggregato. La miscela nutritiva viene pompata dal serbatoio attraverso i tubi di alimentazione ad ogni fusto.

Il tubo di alimentazione principale corre lungo il centro della linea di fusti con tubi più piccoli che si diramano verso ogni fusto. Quando è in funzione, il nutrimento fluisce vicino alla parte superiore dell'aggregato e drena fino alla base di ogni fusto. Da lì, la soluzione nutritiva viene incanalata attraverso i tubi di scarico fino al serbatoio. Un tubo di polietilene da 15 mm (1/2") dovrebbe essere abbastanza grande per drenare la soluzione nutritiva da ogni tamburo fino al tubo di drenaggio principale che va al serbatoio. Questo è un modo semplice ma efficace per costruire un grande sistema con contenitori da coltivazione poco costosi.

Per il valore degli scarti si possono acquistare tutti i tipi di contenitori in disuso e adattarli per l'uso in un sistema idroponico. Per cominciare, le vecchie vasche di lavaggio in cemento sono adatte all'uso in sistemi di aggregati riempiti.

Nei sistemi idroponici NFT, c'è anche una vasta gamma di tubi e altri materiali che possono essere usati come canalette. I prodotti per l'acqua di tempesta sono ideali, possono essere usati efficacemente con i beccucci di plastica, i pluviali di plastica e anche i prodotti per tetti a lunga durata. Si possono fare dei fori di plastica per far crescere le piante.

Usare polietilene bianco o film di panda (film di plastica co-estruso bianco e nero) per nascondere i canali e lasciare la luce fuori dalla soluzione nutritiva, mentre si usano grondaie e altri materiali che forniscono un canale aperto. I fori per le piante sono facilmente realizzabili in politene. Puoi anche fare i tuoi canaletti di legno e usare il politene per allinearli. Il politene può anche essere usato ripiegandolo su se stesso e ritagliando i bordi insieme con delle mollette da bucato nella parte superiore. Quando entrambi i lati di una pianta sono tagliati, le mollette aiutano anche a sostenere la pianta.

Attrezzatura di test C F (conducibilità)
Il valore dell'attrezzatura che analizza la soluzione nutritiva dovrebbe ora essere molto chiaro. Prima dell'invenzione delle apparecchiature di analisi, gli agricoltori dovevano applicare una certa quantità di nutrienti a un volume fisso di acqua che avrebbe poi prodotto la forza desiderata di una soluzione nutritiva. Questa poteva poi essere utilizzata per un determinato periodo prima di scaricarla e sostituirla con una nuova miscela fresca.

Si tratta di una pratica dispendiosa, in quanto presuppone che tutti i nutrienti presenti nella soluzione siano stati utilizzati dalle piante durante il tempo in cui è stata utilizzata.

In realtà, probabilmente solo una parte degli elementi nutritivi potrebbe essere stata usata e, a parte eventuali sintomi di carenza mostrati dalle piante, il coltivatore non avrebbe avuto idea di quando i diversi costituenti dei nutrienti fossero finiti. Ora ci sono laboratori autorizzati dove gli agricoltori possono testare le loro miscele di nutrienti.

Possono usare uno spettrometro ad assorbimento atomico in grado di analizzare la miscela di nutrienti e fornire una lettura dei vari elementi nella miscela in parti per milione. Questo tipo di tecnologia è troppo complesso, costoso ed eccessivamente preciso per gli agricoltori idroponici da usare quotidianamente. Il misuratore CF già descritto è più appropriato e misura la forza della soluzione nutritiva. Sono facili da usare e facilmente disponibili sia per i coltivatori professionisti che per gli appassionati di casa.

Ci sono vari tipi di misuratori CF. I vecchi misuratori CF manuali consistono tipicamente in due quadranti e un azzeratore o nullatore. L'operatore prima misura la temperatura della soluzione per testare la soluzione nutritiva e poi imposta questo sul quadrante della temperatura che di solito ha impostazioni tra 15 ° C e 40 ° C. Alcune delle soluzioni nutritive poi riempire la tazza del campione nel misuratore con. La seconda manopola viene girata fino a quando l'ago del misuratore scende a zero.

Il valore di CF è indicato dalla posizione di quel secondo quadrante. Il misuratore include una regolazione della temperatura, poiché questa ha un effetto significativo sulla lettura della CF. I valori CF sono generalmente dati a una temperatura normale di 20°C. La temperatura della soluzione nutritiva cambia per ogni grado Celsius, il valore CF cambierà di circa il due per cento. Questo può fare una differenza significativa, per cui i misuratori devono essere in grado di tenere conto delle variazioni di temperatura. I nuovi misuratori con conducibilità automatica (CF), tengono automaticamente conto delle differenze di temperatura rispetto alla normale misurazione della temperatura di 20°C. Tali misuratori riducono al minimo i controlli.

Non ci sono test, tutto quello che dovete fare è immergere la parte della sonda del misuratore nella soluzione nutritiva. Il misuratore registra poi per voi il valore CF, regolato su un display digitale per la temperatura. L'unica cosa che l'operatore deve ricordare è di lasciarlo nella soluzione abbastanza a lungo perché il rilevatore di temperatura valuti correttamente la temperatura. Questi misuratori sono disponibili sia in versione da linea che in versione portatile.

Le unità in linea hanno raccordi su entrambe le estremità per inserirle nel tubo di alimentazione dei nutrienti che alimenta la zona di coltivazione. Il misuratore darà quindi letture costanti di CF sullo stato della miscela di nutrienti. Un ulteriore vantaggio fornito da alcuni fornitori è la possibilità di leggere i valori in altre misure di conducibilità come la scala EC e la scala TDS (solidi totali disciolti - non è raccomandato)

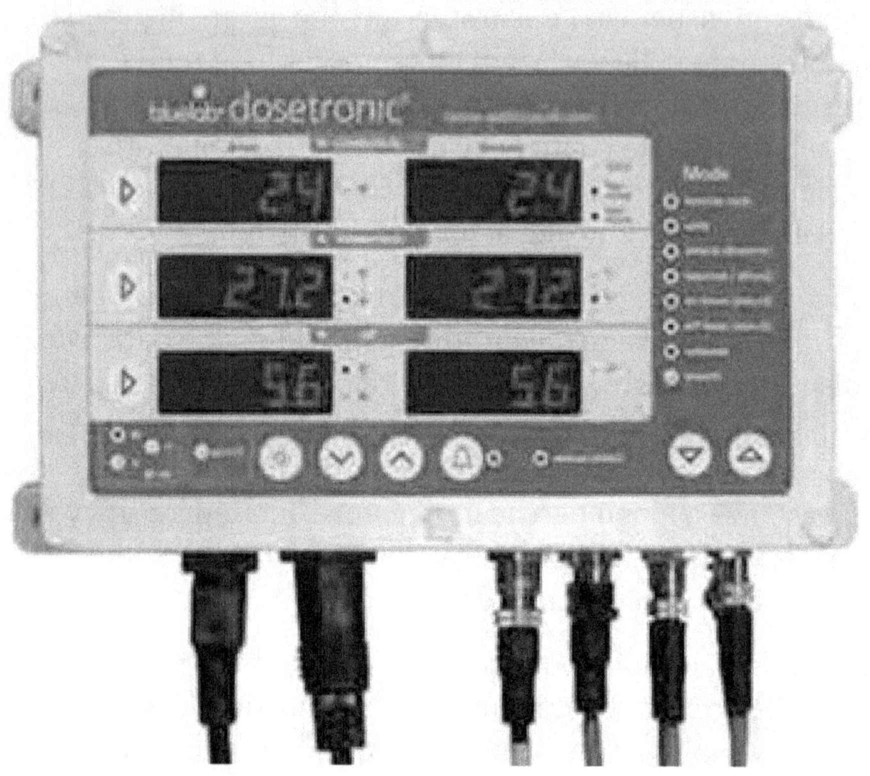

Con l'aiuto di un misuratore di CF, il coltivatore idroponico
può valutare rapidamente la forza della miscela di nutrienti e
aggiungere più nutrienti al serbatoio se necessario. Questo
può sembrare un sacco di lavoro, ma si noti che anche le
piante che prosperano nel terreno usano i nutrienti. La
differenza è che si rilevano le carenze di nutrienti nelle piante
coltivate nel terreno solo quando appaiono i sintomi della
carenza e allora è quasi troppo tardi. Di conseguenza, è
necessario applicare regolarmente fertilizzanti in quantità
che sono piuttosto dispendiose. In un sistema idroponico
devono essere sostituiti solo i nutrienti effettivamente
utilizzati dalle piante. Le piante possono usare enormi
quantità di nutrienti, ma in questo modo avranno una
crescita fenomenale. Con l'aggiunta di sistemi di controllo

automatico, il rendimento del vostro sistema idroponico può fare un ulteriore passo avanti.

Con un regolatore automatico di CF è possibile preimpostare il livello di CF a cui si vuole mantenere il sistema. Se le piante usano abbastanza nutrienti da far scendere la quantità di CF della miscela di nutrienti al di sotto del livello impostato, il controller fa scattare automaticamente una pompa o un'elettrovalvola, facendo fluire un ulteriore concentrato di nutrienti nel serbatoio di mantenimento finché la concentrazione della soluzione nutritiva non scende al di sopra del livello impostato e il ciclo di dosaggio si arresta automaticamente. La maggior parte dei controller CF hanno anche allarmi di valore alto e basso. Suoneranno, avvertendovi se, per esempio, il rabbocco del serbatoio è vuoto, o se una valvola o una pompa è difettosa. Un coltivatore professionista con una grande rete prenderebbe sul serio il controller automatico. Una volta installato, gli unici compiti che restano al coltivatore sono la potatura, la raccolta e la sostituzione delle piante, nonché il riempimento occasionale dei serbatoi di rabbocco. Anche i controller CF sono buoni per i giardinieri domestici.

Questo significa che potete andare in vacanza mentre la vostra soluzione nutritiva viene regolata automaticamente dalla centralina secondo le necessità. Le unità di controllo ora generate in Nuova Zelanda sono responsabili del controllo sia della CF che dell'altro importante indicatore della vostra soluzione nutritiva, il pH. Le unità di controllo sono basate sui misuratori CF e pH con controlli aggiuntivi che permettono di predeterminare i livelli di ciascuno richiesti e ai quali il controller regolerà la soluzione nutritiva.

Se siete disposti a cambiare manualmente la soluzione nutritiva, un misuratore di pH sarà utile quanto un misuratore di CF per permettervi di determinare lo stato della soluzione nutritiva.

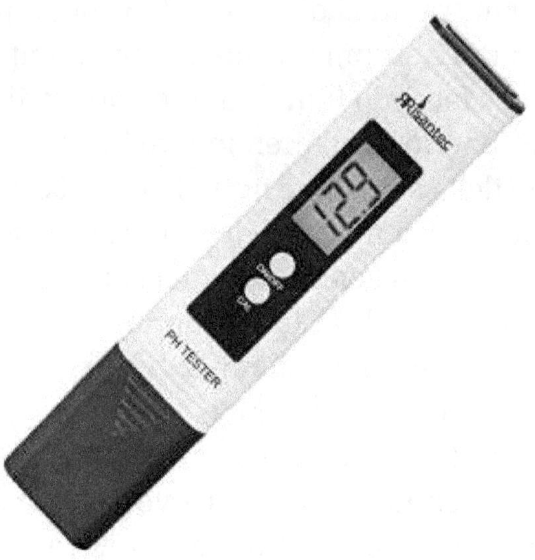

Solo un misuratore di pH, minimo i sistemi idroponici potrebbero essere alimentati. Per le piscine si potrebbe usare un nastro indicatore di colore o la soluzione tipo fornita in kit. Il sistema funziona finché la misura del colore è in buone condizioni. L'unico modo per controllare che l'indicatore mostri il vero valore è provarlo in una soluzione di cui si conosce già il valore del pH per vedere se si ottiene il risultato corretto. Questa è chiamata "soluzione tampone". Di solito non vale la pena provare a farlo senza un misuratore di pH adeguato, la spesa per un misuratore è minima e i risultati sono più accurati, specialmente se si ha un daltonismo.

Il misuratore di pH è fondamentalmente un voltmetro molto sensibile che misura la pressione dell'elettricità. L'acqua pura non ha alcuna tensione, ma c'è una piccola quantità di elettricità prodotta nelle soluzioni acide e alcaline. È troppo piccola per essere misurata con un normale voltmetro. Il misuratore di pH ha un amplificatore unico che aumenta l'uscita della sonda pH che è posta nella soluzione misurata. Una volta amplificato, il segnale di tensione generato nella sonda viene poi modificato da singoli circuiti per adattarsi alle variazioni di temperatura, poiché le letture di pH sono influenzate dalla temperatura allo stesso modo delle letture di CF, ma in misura molto minore. Il misuratore fornisce quindi una lettura digitale che mostra il valore del pH della soluzione testata.

Il misuratore di pH funziona prendendo un segnale minimo, moltiplicandolo, regolandolo e poi convertendolo in un livello di pH, quindi bisogna fare attenzione a garantire la precisione delle letture quando si usa il misuratore. Il campione deve essere lavato in acqua purificata o deionizzata con un valore di pH neutro di 7. Il campione può poi essere testato mettendolo in un tampone. La sonda viene prima messa in una soluzione tampone che si sa avere un valore di pH di 7. Il misuratore potrebbe non leggere 7 e quindi il sistema di regolazione del tampone deve essere regolato fino a quando il misuratore mostra una lettura del pH di 7. Il passo successivo è quello di mettere la sonda in una soluzione tampone con un valore di pH di 4 (o 10, deve solo essere spostato dal valore neutro di 7) in modo che la seconda regolazione sia fatta. Quando si immerge nella soluzione nutritiva, il misuratore è ora pronto a dare una lettura precisa.

I nuovi misuratori hanno microprocessori nei loro circuiti che rendono la calibrazione automatica molto più semplice, quindi assicuratevi di leggere le istruzioni fornite con il misuratore per ottenere le migliori prestazioni da esso. Assicuratevi sempre di lavare la sonda in acqua dolce dopo la lettura sul vostro pH-metro.

Inoltre sarà necessario mantenere la sonda umida quando non è in uso, perché la sonda non dovrebbe mai asciugarsi. Questa procedura può sembrare complicata, ma dopo aver stabilito il vostro giardino idroponico, scoprirete che richiede solo pochi minuti del vostro tempo. Testare e regolare regolarmente la vostra miscela di nutrienti vi darà dei buoni raccolti e vi richiederà molto meno tempo che diserbare un giardino convenzionale. Ricordate anche che, a differenza di un giardino nel terreno, un giardino idroponico può avere i suoi livelli di pH e CF testati e regolati utilizzando apparecchiature di dosaggio automatico, alcuni dei principali disegni prodotti dalla Nuova Zelanda.

CAPITOLO CINQUE
Impostazione di un sistema

Sono già stati descritti i passi fondamentali da compiere quando si allestisce una piccola area di coltivazione con una pompa ad aria. Questo sistema può essere ampliato, anche se ci sono alcuni punti a cui prestare attenzione man mano che le dimensioni del vostro sistema aumentano. In un giardino pieno di aggregati, per esempio, dovreste controllare di tanto in tanto i tubi di scarico e di alimentazione per assicurarvi che le radici delle piante non li abbiano bloccati.

Il sistema più grande che sarete pronti a impostare ora porterà anche una serie di punti che saranno rilevanti per la maggior parte dei grandi sistemi idroponici. Questo può ancora essere un semplice sistema progettato per rifornire diverse persone e per funzionare su un sistema di prova manuale, tuttavia il piano di installazione passo dopo passo include anche le informazioni necessarie per automatizzare il sistema.

Primo passo: controllare l'alimentazione dell'acqua

Il primo e uno dei passi più importanti per impostare qualsiasi sistema idroponico è controllare la qualità della vostra fornitura d'acqua. L'acqua è la base della miscela di nutrienti, la parte centrale di tutto il vostro sistema idroponico. Se la vostra acqua è fornita da un'autorità locale da una stazione di trattamento delle acque, allora probabilmente non ci saranno problemi. Potete controllare con l'ufficio tecnico della vostra città che di solito può fornirvi un'analisi dell'acqua. Se la vostra acqua proviene da un pozzo o da una trivellazione, dovreste far analizzare un campione per assicurarvi che l'acqua non sia sovraccarica di qualche elemento.

I valori massimi di ogni elemento che le piante possono tollerare in parti per milione sono:

Sodio__________180 ppm

(se si coltiva solo lattuga questo valore dovrebbe essere solo 20ppm)

Calcio__________100 ppm

Cloruro__________70 ppm

Boro__________0.2 ppm

Solfato__________80 ppm

Magnesio__________45 ppm

Carbonati__________60 ppm

Gli elementi come il sodio, il ferro e lo zinco, per esempio, diventano tossici per le piante se sono presenti in una concentrazione troppo alta. In generale la vostra acqua sarà accettabile se non vengono superati i seguenti valori.

Una fornitura d'acqua sovraccarica di uno degli elementi può essere abbastanza accettabile per il consumo umano, ma rivelarsi inutilizzabile in un sistema idroponico. Se la vostra acqua è uno dei pochi casi in cui c'è un'impurità che non può essere filtrata, allora potreste dover considerare una fornitura d'acqua alternativa. L'acqua piovana è spesso una buona alternativa.

NOTA: Se i livelli sono al di fuori dei valori indicati, allora si dovrebbe chiedere il parere di un esperto per confermare sia le formule richieste che le colture che crescerebbero in modo accettabile in tali condizioni.

Se si volesse coltivare le piante in modo idroponico a un valore CF di 25, per esempio, e si stesse usando acqua con un eccesso di sodio, si potrebbe scoprire che il valore CF della soluzione nutritiva è molto più alto delle 25 unità CF richieste.

Questo perché l'acqua potrebbe aver avuto un valore di CF di circa 22 prima che vi aggiungeste qualsiasi miscela di nutrienti. L'eccesso di sodio nella vostra fornitura d'acqua sarebbe responsabile di questo valore. Questo è solo un esempio di una delle cose che possono succedere se non si controlla l'acqua prima di iniziare. La maggior parte dei coltivatori idroponici non sperimenta mai questo problema, ma è comunque utile controllare.

Tutti i contenitori che non sono inerti devono essere verniciati con due mani di vernice bituminosa per assicurarsi che non rilascino sostanze nocive nella soluzione nutritiva.

Fase due: pianificare il layout dell'area di coltivazione

Il passo successivo nell'allestimento di un giardino idroponico è quello di pianificare la disposizione dei vostri canali o aree di coltivazione. Mantenete la superficie di coltivazione ben al di sopra del livello del suolo. Questo vi aiuterà a mantenere i prodotti puliti e fornisce una buona circolazione dell'aria che è particolarmente importante se state coltivando in una serra. Lasciate sempre molto spazio tra le aree di coltivazione in modo da poter entrare per raccogliere i vostri raccolti e mettere nuove piante con facilità. Potete aumentare o diminuire le dimensioni delle aree di coltivazione e modificarne la disposizione per adattarle alla vostra situazione, purché vi atteniate ad alcuni principi di base. Il primo è che la caduta minima per i calanchi NFT deve essere almeno una su quaranta. Ricorda che questo equivale a 1 cm di elevazione a un'estremità del canale per ogni 40 cm di lunghezza. Il flusso in ogni canale dovrebbe essere di circa un litro al minuto, anche se l'esperienza vi mostrerà di quanto potete ridurre questa cifra. Pompare la soluzione nutritiva attraverso il vostro sistema a un ritmo più veloce del necessario sarebbe uno spreco di elettricità e potrebbe portare a laghi indesiderati e alla morte delle radici.

Le dimensioni e la lunghezza dei canali NFT dipendono totalmente dal tipo di coltura che si coltiva. La lattuga, per esempio, non è una grande mangiatoia, quindi si possono usare con successo canalette di 100 mm di diametro, 50 mm di altezza e fino a 18 metri di lunghezza. I pomodori, d'altra parte, sono molto pesanti e hanno anche una struttura radicale vigorosa che richiede una buona fornitura di ossigeno e nutrienti, quindi la lunghezza del canale deve essere ridotta. L'uso di canalette troppo lunghe farebbe sì che le piante alla fine delle canalette soffrano di scarsa salute delle radici. Una buona lunghezza del canale per i pomodori è di 10 metri, anche se questo può essere esteso fino a 15 metri, a condizione che il canale sia di dimensioni sufficienti, sia installato correttamente per evitare qualsiasi stagnazione di nutrienti, abbia una pendenza minima di 1:40 e sia dotato di un controllo della portata per limitare il volume di nutrienti che entrano nel canale.

Alcuni coltivatori usano tubi di alimentazione supplementari collocati a intervalli lungo i canali estremamente lunghi. Questo non è un modo raccomandato di usare i canali più lunghi. Si dovrebbe sempre introdurre tutta la miscela di nutrienti alla testa del canale, perché la soluzione nutritiva stantia viene espulsa dal canale con l'afflusso della soluzione nutritiva in arrivo. Questo può non avvenire in modo efficace quando l'afflusso di soluzione nutritiva è diviso tra più punti di ingresso. Sarebbe meglio usare un numero maggiore di canaletti di breve lunghezza con flussi adeguati. Ricordate quanto è importante l'ossigeno per le piante, la soluzione nutritiva stantia deve essere rimandata al serbatoio in modo efficace, in modo che i gas di scarto possano essere espulsi e che le piante ricevano ossigeno e sostanze nutritive fresche.

Una pratica recente con i canali NFT è stata quella di usare un tappeto capillare per foderare il canale. Questo materiale agisce come carta assorbente, assicurando che la soluzione nutritiva si diffonda su tutto il pavimento del canale. Il tappetino capillare permanente è eccellente in situazioni commerciali dove tutte le piante e il loro materiale radicale possono essere rimossi in una sola volta insieme al tappetino. Tuttavia, con un giardino idroponico in casa, può rivelarsi una seccatura quando si vuole rimuovere solo una pianta, perché le radici della pianta saranno cresciute proprio attraverso il tappeto capillare. Nella maggior parte dei casi il tappetino non è necessario, tranne quando le piante sono estremamente piccole. In questa fase c'è la possibilità che il sistema radicale della pianta non sia nel percorso del flusso di nutrienti.

Questo problema si risolve facilmente mettendo piccoli pezzi di carta assorbente sotto le radici di piante molto piccole o un pezzo di tappetino capillare monouso che si dissolve dopo circa dieci giorni dalla prima bagnatura. Questi agiranno come carta assorbente fino a quando le radici si sviluppano e il materiale si rompe gradualmente. I pezzi di materiale sono catturati da un filtro che rimuove anche le piccole particelle di vegetazione prima di essere scaricate nel serbatoio. Questo aiuta a mantenere il sistema pulito.

L'allestimento di contenitori pieni di aggregati è abbastanza semplice. La disposizione descritta nella sezione sui contenitori per la coltivazione con i fusti può essere ampliata fino a raggiungere l'area di coltivazione di cui avete bisogno o potete usare grandi vassoi simili a quelli illustrati per il sistema doppio in questo capitolo. La dimensione dei contenitori riempiti con aggregati può variare a seconda della dimensione del serbatoio che avete a disposizione. Come si determina la dimensione necessaria è spiegato in dettaglio nella sezione sui serbatoi di contenimento. Una cosa che dovresti ricordare di fare quando riempi i contenitori con l'aggregato è di usare materiale più grossolano sul fondo che diventa più fine man mano che riempi il contenitore. Terminare con uno strato di materiale leggermente più grossolano sulla superficie. Uno strato profondo un centimetro di 4 mm o 5 mm funziona bene, permettendo allo strato superficiale di rimanere asciutto e libero dalla crescita delle alghe.

Fase 3: Il serbatoio di mantenimento

Le dimensioni dei serbatoi dipendono dalle dimensioni dell'area di coltivazione da alimentare e dal tipo di sistema. I sistemi di test e dosaggio manuale hanno requisiti diversi dai sistemi di dosaggio automatico.

Praticamente non c'è un limite massimo di dimensioni per i serbatoi di mantenimento nei sistemi di prova e dosaggio manuali, solo una dimensione minima. La dimensione minima del serbatoio può essere stabilita con precisione una volta che avete i canali di scolo, i contenitori di coltivazione, i tubi di alimentazione e di scarico e la vostra pompa installata e pronta a funzionare. Scegliete un contenitore che pensate possa contenere abbastanza acqua per riempire il sistema con un margine per un po' d'acqua extra. Potete quindi riempire il contenitore d'acqua e iniziare a pompare intorno al sistema mentre continuate a riempire il contenitore.

Quando tutti i canali e i contenitori di coltivazione hanno l'acqua che scorre attraverso di loro e torna nel serbatoio temporaneo, si può smettere di riempirlo d'acqua ma mantenere la pompa in funzione in modo che l'acqua continui a circolare attraverso il sistema.

Ora potete iniziare a drenare lentamente l'acqua dal contenitore fino a raggiungere la quantità minima necessaria per servire adeguatamente la pompa. Quando avete raggiunto questo livello, smettete di drenare e spegnete la pompa. Lasciate che l'acqua nei pozzetti e nei contenitori di coltivazione dreni di nuovo nel vostro serbatoio temporaneo. Questo richiederà probabilmente da cinque minuti a mezz'ora, dopo di che avrete la quantità minima di acqua necessaria per far funzionare il sistema nel vostro serbatoio.

Avendo scoperto la quantità minima di liquido necessaria per far funzionare il vostro sistema, potete procurarvi un serbatoio di riserva della dimensione appropriata. Sarete sorpresi di quanta acqua c'è nel sistema. Se non si tiene conto della quantità d'acqua nel sistema quando si decide la dimensione del serbatoio, esso si allagherà non appena ci sarà un'interruzione di corrente o se la pompa si guasta.

Il serbatoio deve comunque essere in grado di contenere molto più liquido rispetto alla quantità minima che avete scoperto durante la prova. Perché quando il sistema è in funzione completo di piante, la quantità di soluzione nutritiva nel sistema dovrà essere in grado di fornire le esigenze nutrizionali di tutte le piante per il tempo che passa tra i test e il dosaggio.

La quantità minima di soluzione nutritiva necessaria per far scorrere il liquido nel sistema e per mantenere in funzione la pompa potrebbe fornire abbastanza sostanze nutritive per le piante se testate e dosate più regolarmente, diciamo due volte al giorno. In altre parole, se testate e dosate la miscela prima di colazione e dopo il pasto serale, la quantità minima di miscela nutritiva usata dovrà solo mantenere le piante adeguatamente nutrite per periodi di circa 10 ore.

Se decidete di voler testare e dosare la miscela solo una volta al giorno, essa dovrà durare il doppio del tempo, quindi sarà necessario un serbatoio più grande. Usando una vasca più grande di quella tecnicamente necessaria, vi assicurerete che le piante siano adeguatamente rifornite, soprattutto durante i periodi di forte alimentazione. Ovviamente, considerazioni come l'uso efficace dello spazio che avete a disposizione e le finanze porranno dei limiti alle dimensioni del vostro serbatoio di mantenimento, anche se in teoria, per i sistemi manuali, più grande è meglio è.

Sistemi automatici

Il più efficiente di tutti i sistemi idroponici è il sistema controllato e dosato automaticamente. I sistemi più semplici funzionano tutti bene, ma per mantenere la loro semplicità sacrificano qualche aspetto del rendimento. Senza alcuna attrezzatura di controllo è possibile coltivare in modo idroponico. Invece un volume di soluzione nutritiva maggiore di quello effettivamente necessario viene completamente sostituito ogni due o tre settimane.

Oltre ad essere uno spreco, dovete accettare il fatto che, quando usate questo sistema, non avrete idea se c'è abbastanza cibo disponibile per le piante per tutto il periodo di tempo. Il periodo di smaltimento e di sostituzione può essere ampiamente esteso attraverso l'uso di apparecchiature di prova automatizzate, ma ci saranno ancora periodi in cui il nutriente non fornisce la migliore crescita possibile perché il suo meccanismo può essere andato ben fuori controllo nel tempo.

Avrete notato come gli esseri umani diventano irritabili quando saltano un pasto regolare. Il che ti fa pensare che sia diverso per le piante. Quindi il dosaggio massimo del dispositivo su richiesta 24 ore al giorno, Questo assicurerà, per esempio, che piante come i pomodori, che si possono trovare ad assorbire nutrienti all'una di notte, abbiano sempre i nutrienti di cui hanno bisogno.

La dimensione del serbatoio di trasporto della soluzione nutritiva deve essere accuratamente abbinata alle minime richieste di liquidi del sistema idroponico per ottenere la massima efficienza possibile da un controller di test e dosaggio automatico. Come per i sistemi testati e regolati manualmente, non c'è spazio per andare a serbatoi di mantenimento eccessivamente grandi. Questo perché il sistema automatico avrà un potere maggiore su una quantità minore di soluzione di nutrienti. Per esempio, se si facesse funzionare un sistema impostato automaticamente per essere mantenuto a un livello di 25 unità C F, si potrebbe scoprire che la temperatura della soluzione nutritiva aumenta fino a 10°C durante il giorno.

Per questo aumento, il calore del sole sarebbe in gran parte responsabile, e ogni grado celsius che la temperatura sale cambia il valore CF della miscela nutritiva del due per cento. Ricordate, il valore apparente di CF è influenzato dalla temperatura. I controllori automatici di CF hanno un circuito di rilevamento della temperatura che compensa i cambiamenti di temperatura e mantiene effettivamente la CF al valore desiderato, tuttavia ci sono problemi con serbatoi di grande capacità che vengono dosati fino al valore di CF desiderato. Se la temperatura varia così tanto, il sistema non può tenere il passo con i cambiamenti. Se necessario, il controllore può aumentare il dosaggio ma non può ridurlo.

I sistemi automatici si affidano alle piante per abbassare il valore CF della soluzione nutritiva consumando i nutrienti. Le piante userebbero presto abbastanza nutrienti in un sistema con un piccolo serbatoio per abbassare il valore CF, ma questo potrebbe richiedere molto tempo in un serbatoio di grande capacità. In alcuni casi la temperatura potrebbe essere cambiata di nuovo prima che questo sia raggiunto. Le variazioni di temperatura tra la notte e il giorno possono spesso essere abbastanza estreme da causare questo problema. L'alternativa è che il serbatoio di stoccaggio sia progettato allo stesso livello del metodo manuale. Questa dimensione più bassa possibile non dovrebbe essere superata per garantire che i valori di CF e pH delle soluzioni nutritive siano mantenuti il più accurati possibile.

Il sistema userà solo l'acqua sufficiente a mantenere le aree di coltivazione rifornite e la pompa sommersa nel serbatoio, quindi dovrete assicurarvi che questo livello non scenda ulteriormente. Potete farlo regolando la valvola di reintegro dell'acqua in modo che non appena il livello scende sotto quello richiesto, entri nuova acqua. Ricordate che il valore CF potrebbe anche salire a un livello critico se permettete che l'acqua si consumi senza sostituirla in tempo. Se c'è un'osmosi inversa troppo forte nella soluzione nutritiva, le piante perderanno la loro umidità, appassiranno e moriranno.

Fase quattro: installazione di un controllore automatico

Il primo e uno dei punti più importanti da ricordare per l'installazione di un regolatore automatico è di collocarlo lontano dall'acqua, dallo sporco o da qualsiasi altro elemento che possa influenzare il funzionamento dell'unità. Le condizioni di umidità devono essere evitate, quindi una struttura ben ventilata dovrebbe essere costruita per alloggiare il controller lontano dai serbatoi e dalla zona di coltivazione. Potreste comunque sistemarlo nella stessa stanza dei serbatoi, se le condizioni fossero favorevoli, con il controller montato su una parete lontano da eventuali schizzi o gocciolamenti. Potete iniziare l'installazione del controller inserendo un tubo nel tubo principale di alimentazione dei nutrienti proprio all'uscita del serbatoio. In questo punto si dovrebbe montare un rubinetto in modo che il sistema di controllo possa essere spento e lavorare senza dover chiudere l'intero sistema. Il tubo va dal tubo principale del nutrimento a un piccolo contenitore di campioni vicino al controller automatico, ovunque sia stato posizionato.

Un tubo in PVC di 16mm sarà abbastanza grande per prendere un campione di una parte della soluzione nutritiva fino a questo contenitore. Una cella CF in linea può essere inserita in questo tubo e collegata al controller automatico. Per assicurarsi che la cella CF produca letture accurate, installare la cella inclinata a 45° con una valvola di non ritorno sul lato di alimentazione, utilizzare raccordi sicuri su entrambi i lati per evitare perdite d'aria. Qualsiasi sacca d'aria che si forma nella cella produrrà letture imprecise. Il regolatore automatico avrà anche una connessione per una sonda di compensazione della temperatura per la lettura CF. Questa sonda può essere collocata nel serbatoio principale o nel contenitore del campione. Alcuni controllori rinunciano alle celle in linea e usano semplicemente una sonda di tipo 'dip' completa del suo termistore di temperatura nel contenitore del campione.

Il prossimo elemento da installare è la sonda pH che viene installata nel contenitore del campione. Questo contenitore dovrebbe avere un raccordo d'ingresso sul fondo e uno scarico di ritorno al serbatoio in cima. Anche la linea di dosaggio del pH alimenterà il contenitore del campione. Ricorderete dal capitolo sull'attrezzatura che è stato sottolineato che le sonde di pH non dovrebbero mai essere lasciate asciugare una volta che sono state messe in funzione.

Il bulbo di misurazione in vetro deve essere mantenuto umido e pulito. Entrambi questi requisiti possono essere facilmente soddisfatti collegando la linea di dosaggio del pH al contenitore del campione in modo che versi l'acido sulla sonda del pH. L'acido nitrico e fosforico sono solitamente usati per alterare il pH della soluzione nutritiva. L'acido è anche la sostanza migliore per pulire la sonda pH. Questa disposizione permette un controllo fine del valore complessivo del pH dei nutrienti, perché non appena l'acido viene pompato nel contenitore del campione, colpisce la sonda del pH collegata al controller automatico. La sonda invierà un segnale al controllore che interrompe immediatamente la fornitura di acido evitando il sovradosaggio.

Il secondo requisito è ottenuto impostando il tubo di ingresso al contenitore del campione al di sopra dell'altezza dell'estremità del bulbo della sonda pH in modo che anche se il contenitore del campione dovesse svuotarsi, una quantità residua sarebbe ancora sufficiente a mantenere la sonda bagnata

Le sostanze nutritive fluiscono dal serbatoio attraverso i tubi di alimentazione nei contenitori di coltivazione e drenano indietro in un sistema controllato automaticamente allo stesso modo che in un manuale. Una linea viene condotta dal tubo di alimentazione principale e un campione della soluzione nutritiva viene preso per controllare. Questa linea contiene un rubinetto di arresto che permette di spegnere il sistema automatico se necessario. La linea di alimentazione è collegata a una cella di misurazione CF in linea che è collegata con un angolo di 45° per evitare bolle d'aria che danno false letture. La cella CF dice al controller automatico quando la soluzione nutritiva è troppo debole e il controller attiva le elettrovalvole operative (o le pompe), permettendo ai nutrienti extra di fluire nel serbatoio principale dai serbatoi di rabbocco. Il pH della miscela nutritiva viene misurato utilizzando una sonda pH situata nel contenitore di campionamento della soluzione nutritiva situato dietro la cella CF. Quando il pH è troppo alto, il controller attiva una pompa ad aria che mette sotto pressione il serbatoio dell'acido di mantenimento utilizzato per regolare il livello di pH dei nutrienti. L'acido scorre su per il tubo nel contenitore del campione mescolandosi con la soluzione nutritiva che rifluisce continuamente giù per un tubo di troppo pieno verso il serbatoio principale. Il sistema è dotato anche di una valvola di reintegro dell'acqua che permette all'acqua supplementare di fluire nel serbatoio di mantenimento quando il volume scende troppo in basso.

Un tubo che sarà in grado di resistere all'acido (PVC-Polythene) dovrebbe collegare il serbatoio per l'acido ai contenitori dei campioni. Per forzare l'acido nel contenitore del campione, si può usare una piccola pompa ad aria per acquari. Questa pompa è collegata al controllore automatico e viene attivata dal controllore se la sonda pH rileva un aumento del pH della soluzione nutritiva.

La pompa funziona premendo il liquido nella bottiglia spingendo l'acqua su per il tubo nel tubo, che cambia il pH della soluzione nutritiva. Il controllore automatico attiva una pompa o un'elettrovalvola ugualmente per alimentare i nutrienti nel serbatoio centrale. Il controller attiva la pompa quando riceve un segnale dalla cella CF che indica che la forza della soluzione nutritiva è scesa. Quando la cella CF percepisce un aumento dell'intensità della soluzione nutritiva alla quantità preimpostata sul dispositivo, la pompa viene spenta.

I principi e il funzionamento di un sistema a controllo automatico sono abbastanza semplici, rendendo la disposizione qualcosa che sia il coltivatore domestico che quello commerciale possono realizzare. Quando si inizia a coltivare con un dispositivo controllato e dosato manualmente, si acquisisce una completa familiarità con l'attrezzatura per i controlli CF e pH. Questo renderà più facile l'installazione di un'attrezzatura di controllo automatico quando deciderete di avere una comprensione del funzionamento dell'attrezzatura di controllo. In un sistema automatico, la sonda di controllo del pH dovrà essere tamponata una volta alla settimana e la sonda CF lavata ogni tre o quattro mesi con un detergente accettabile, Jiff, Soft scrub o una sostanza detergente brevettata.

Oltre a questi controlli regolari, tutto quello che il coltivatore dovrà fare una volta che un sistema automatico è stato installato, è di svuotare i serbatoi di rabbocco dei nutrienti e il serbatoio pieno di acido per cambiare il pH della soluzione nutritiva. Ricordate che se tutto il resto fallisce, leggete le istruzioni di installazione e di funzionamento rilasciate dal produttore dell'attrezzatura.